Prendre soin les uns des autres

8 manières de cultiver des relations profondes

Edward T. Welch

Édition originale en anglais sous le titre :
Caring for One Another: 8 Ways to Cultivate Meaningful Relationships

Publié par Crossway, un ministère de Good News Publishers.
1300 Crescent Street, Wheaton, IL 60187, U.S.A.

Pour l'édition française :
Prendre soin les uns des autres : 8 manières de cultiver des relations profondes

Publié par Éditions Impact
230, rue Lupien, Trois-Rivières (Québec)
G8T 6W4 – Canada
Site Web : www.editionsimpact.org

Traduction : Étienne Sauvageau

ISBN : 978-2-89082-342-6

Dépôt légal – 2e trimestre 2019
Bibliothèque et Archives nationales du Québec
Bibliothèque et Archives Canada

« La plupart des chrétiens savent qu'ils doivent prendre soin les uns des autres, mais peu d'entre eux savent comment. Ed Welch, auteur et conseiller biblique chevronné, ne se contente pas de nous dire *comment* nous y prendre mais, à la manière d'un grand chef, il nous sert son enseignement en huit leçons concises, remplies de vérités bibliques et riches de sagesse. Chacun des courts chapitres peut être lu à haute voix en groupe et est accompagné de questions à discuter pénétrantes et révélatrices. Voilà un livre qui peut influencer la culture de nos Églises afin qu'elles soient des endroits sûrs où trouver un souci mutuel exercé avec sagesse. Je le recommande vivement ! »

Alfred J. Poirier, professeur invité de théologie pratique, Westminster Theological Seminary, Glenside, Penns. ; auteur de *The Peacemaking Pastor*

« Presque tous les chrétiens ont vécu des situations embarrassantes dans l'Église locale. À un moment ou un autre, nous nous sommes sentis ignorés, incompris, importuns. Bien que l'Église soit le corps de Christ, elle ne fonctionne pas toujours comme elle le devrait. Dans *Prendre soin les uns des autres*, Ed Welch offre une direction tout à fait biblique et pratique qui facilite les bonnes relations au sein de l'Église. Dans ces huit courts chapitres, nous apprenons l'importance de nous approcher des autres et découvrons des outils pour le faire de manière aimante et véritablement efficace. Qu'on le lise seul ou en groupe, ce livre communiquera une énergie renouvelée pour cultiver des relations édifiantes au sein de l'Église. »

Megan Hill, auteure de *Praying Together* ; éditrice, The Gospel Coalition ; membre du comité de rédaction de *Christianity Today*

« Dieu a choisi, entre autres moyens pour aider ses enfants, le soin et l'intérêt mutuels. Dans ce monde affairé aux relations superficielles, plusieurs ont choisi d'ignorer cet appel et de laisser les professionnels s'en occuper. C'est pourtant un travail que les chrétiens ordinaires peuvent accomplir pour aider les autres. Grâce à ses instructions pratiques et simples, Ed Welch nous montre comment remédier à cette situation et transformer nos Églises en communautés aimantes. Dieu peut utiliser cet intérêt réciproque, non seulement pour bénir les chrétiens, mais aussi pour présenter le christianisme au monde. »

Ajith Fernando, directeur de l'enseignement, Jeunesse pour Christ, Sri Lanka ; auteur de *The Call to Joy and Pain*

« Voilà un petit livre qui produit un grand impact. Ed Welch offre aux Églises un guide simple d'utilisation afin que leurs membres grandissent ensemble tout en cherchant à mieux prendre soin les uns des autres. J'aime le fait que les leçons peuvent être lues à haute voix et qu'on peut en discuter en groupe. J'ai déjà à l'esprit quelques groupes de personnes de mon assemblée avec qui je pourrais lire ce livre. Achetez-le. Mieux, achetez-en plusieurs et offrez-les aux gens de votre Église. Mieux encore, formez un groupe pour le lire ensemble. Ce livre nous rappelle l'importance de nous aimer les uns les autres d'une manière qui glorifie Jésus-Christ, et cela peut avoir un grand impact sur nos Églises. »

Dave Furman, pasteur principal, Redeemer Church, Dubaï ; auteur de *Kiss the Wave* et *Being There*

« *Prendre soin les uns des autres* est un guide concis sur l'aide réciproque. On y trouve des perles de sagesse divine et des principes solides. Il encourage les lecteurs à s'approcher les uns des autres en toute humilité, à adopter une approche personnelle et à prier, à parler de la souffrance et du péché avec délicatesse. Je le recommande fortement à tous les chrétiens. »

Siang-Yang Tan, professeur de psychologie, Fuller Theological Seminary ; pasteur principal, First Evangelical Church, Glendale, Calif. ; auteur de *Counseling and Psychotherapy: A Christian Perspective*

« Si vous avez besoin d'aide pour développer des relations constructives, ce petit ouvrage biblique, pratique et rempli de sagesse constitue un guide idéal. *Prendre soin les uns des autres* est un livre que je fais lire à tous ceux que j'accompagne. »

Deepak Reju, pasteur, responsable du counseling biblique et des ministères de la famille, Capitol Hill Baptist Church, Washington, D. C. ; auteur de *The Pastor and Counseling* et *She's Got the Wrong Guy*

« J'ai besoin de ce livre. Mon Église a besoin de ce livre. Ma communauté locale a besoin que mon Église lise ce livre. Ed Welch présente une nouvelle sorte de communauté aimante qui dépend de la grâce de Dieu. Il la décrit et nous indique comment y parvenir avec un amour et une sagesse centrés sur Christ. C'est ce que je désire pour ma famille, pour mon Église et pour la gloire de Dieu. En matière de soin et d'amour réciproques, voilà le livre auquel je me référerai en premier pour stimuler mon âme, façonner mes prières et instruire mon Église. »

Ste Casey, formateur et orateur, Biblical Counseling UK ; pasteur, Speke Baptist Church, Liverpool, Royaume-Uni

Table des matières

Avant-propos

Notre *appel* consiste à nous occuper mutuellement de nos âmes. Nous voulons présenter nos problèmes au Seigneur et les uns aux autres. Ainsi, l'Église sera fortifiée et la sagesse et l'amour seront présentés au monde.

Or, puisque nous faisons tous face à des difficultés personnelles, nous pourrions être tentés de laisser des personnes plus qualifiées s'occuper des problèmes des autres. Cependant, le royaume de Dieu opère de manière inusitée. En effet, ce sont les humbles et les faibles qui y accomplissent la part la plus considérable du travail pastoral :

> *[Jésus]* a donné les uns comme apôtres, les autres comme prophètes, les autres comme évangélistes, les autres comme pasteurs et docteurs, pour le perfectionnement des saints en vue de l'œuvre du ministère et de l'édification du corps de Christ, jusqu'à ce que nous soyons tous parvenus à l'unité de la foi et de la connaissance du Fils de Dieu, à l'état d'homme fait, à la mesure de la stature parfaite de Christ (Ép 4.11-13).

Les bergers et les enseignants font l'œuvre du ministère. Ils nous forment aussi pour accomplir la même tâche. Il semble que Dieu prenne plaisir à se servir de gens ordinaires qui, au moyen de gestes d'amour ordinaires, deviennent les principaux acteurs dans la croissance en maturité de son peuple. Si un chrétien met sa confiance en Jésus et non en lui-même, s'il se sent faible et incompétent, c'est alors qu'il est qualifié pour cette œuvre. Il est alors *appelé.*

Le but des huit leçons de ce livre est d'aider à façonner la culture de nos Églises de sorte que le counseling et les soins mutuels deviennent des caractéristiques courantes de la vie quotidienne. Les leçons sont concises, mais remplies d'une théologie essentielle et d'une foule d'applications possibles. Elles ont été conçues pour être lues à haute voix en groupe (les participants n'ont rien d'autre à lire au préalable).

Leçon 1

En toute humilité

L'aide que nous sommes en mesure d'offrir – le soin des âmes – commence par notre propre besoin de l'aide des autres. Nous avons besoin de Dieu et des autres. La maturité passe par l'interdépendance : voilà notre but. Afin de mettre cette humilité à l'épreuve, nous demandons aux autres de prier pour nous. Cela contribuera à une culture d'Église qui promeut l'unité plutôt qu'un réflexe de défense.

Imaginez un groupe d'individus interreliés qui se confient les uns aux autres. Si l'un présente ses tribulations, un autre y répond avec compassion et prière. L'un parle de sa joie et un autre la partage aussitôt. On peut même confesser une lutte contre le péché, demander de l'aide et quelqu'un offre des prières, de l'espoir ainsi qu'un encouragement venant des Écritures, et ce, aussi longtemps que le péché n'est pas vaincu. L'ouverture, la liberté, l'amitié, le partage des fardeaux, la sagesse communiquée et reçue, toutes ces choses se trouvent dans un tel groupe. On n'y offre pas de réponse toute faite, et Jésus s'y trouve à chaque instant.

Nous voulons plus de communautés de ce genre.

Quand nous venons à Jésus, il nous pardonne et nous purifie, ce qui nous permet de parler ouvertement, sans honte. Il nous a aimés de sorte que nous pouvons l'aimer et aimer les autres librement. Il nous a offert la sagesse et la puissance de son Esprit de sorte que nous pouvons nous entraider et ainsi contribuer à notre édification et à notre espérance mutuelles. Par conséquent, nous cherchons à l'honorer et à grandir par sa force afin de devenir un corps de Christ interdépendant, sage et aimant : un corps au sein duquel nous pouvons nous aider réciproquement dans les moments difficiles.

Pour l'apôtre Paul, l'humilité est une priorité

Dans Éphésiens 3.14-21, Paul prie que ses lecteurs soient la sorte de communauté décrite ci-dessus. Au chapitre suivant, il leur enseigne comment :

> Je vous exhorte donc, moi, le prisonnier dans le Seigneur, à marcher d'une manière digne de la vocation qui vous a été adressée, en toute humilité et douceur, avec patience, vous supportant les uns les autres avec amour, vous efforçant de conserver l'unité de l'Esprit par le lien de la paix (Ép 4.1-3).

Augustin a écrit : « La première de ces voies *[vers la vérité]*, c'est l'humilité ; la seconde, l'humilité ; la troisième, l'humilité[1]. » Si l'humilité ne précède pas la sagesse et l'aide, tout effort sera inutile. Il semble que Paul soit d'accord. La vie en Christ commence par l'humilité.

Une personne humble reconnaît ses nombreux péchés et ses limites. Elle dit : « J'ai besoin de Jésus, j'ai besoin des autres. » L'humilité est attirante ; elle comporte une pleine confiance en la souveraineté de Dieu, en son pardon et en son amour. Elle comprend qu'elle peut pleinement se reposer en Jésus sans avoir à « être quelqu'un », ce qui lui confère une certaine ouverture d'esprit. Le fait de reconnaître son besoin inhérent et sa faiblesse ouvre la porte à la grâce de Dieu, d'où jaillissent la confiance, la paix, la sécurité, la sagesse, la force et la liberté en Jésus.

L'humilité mène à la prière

Demander à quelqu'un de prier pour soi est l'une des manières de mettre l'humilité à l'œuvre. Dieu a établi son royaume sur terre de telle manière qu'on doit demander de l'aide. Nous demandons l'aide du Seigneur et l'aide des autres. Dieu travaillera par son Esprit et son peuple jusqu'au jour où il sera visible face à face.

Ça *semble* simple. Demander l'aide du Seigneur est une chose. Même quand notre foi est particulièrement faible, la Bible nous encourage à crier à lui et dit qu'il entend nos cris (Ps 62.9). Ainsi, nous sommes prêts à nous ouvrir à lui quelque peu. Or, demander l'aide d'un ami est une tout autre chose. Par orgueil, nous cherchons à cacher notre vulnérabilité. Pire encore, si nous nous sommes déjà confiés à quelqu'un pour n'obtenir que des commentaires désobligeants ou défavorables en retour, il se peut que nous nous soyons refermés sur nous-mêmes, décidant d'emblée qu'on ne nous y reprendrait jamais plus. Cela signifie garder tous ses problèmes pour soi. Cette stratégie peut sembler efficace à court terme, mais Dieu n'a créé personne pour la solitude. Une telle attitude mènera éventuellement vers le désarroi, non vers la sécurité. Il faut adopter une meilleure approche. La manière de demander à quelqu'un de prier pour soi est exposée ci-dessous.

1. Repérer des problèmes dans sa vie

Dans la vie, ce ne sont pas les problèmes qui manquent. La liste peut inclure l'argent, le travail, les relations, la santé et des sujets spécifiquement associés à la connaissance de Jésus ainsi qu'à la manière de vivre pour lui et avec lui.

2. Relier un problème particulier aux Écritures

En reliant ses problèmes aux Écritures, on joint sa vie aux promesses, aux grâces et aux commandements de Dieu. Trouver un texte approprié peut prendre du temps parce qu'il existe de nombreux passages bibliques, mais nous en connaissons probablement déjà les grandes lignes. Voici quelques exemples :

> Parfois, j'ai de la difficulté à prier, même pour des difficultés que je vis. Pouvez-vous prier que je sache dans mon cœur que Dieu prend soin de moi et qu'il m'invite à répandre mon cœur devant lui ? (Ps 62.9.)
>
> Ça fait déjà un certain temps que je suis malade, je suis si découragé. Pouvez-vous prier que je me tourne vers Jésus quand je me sens vraiment mal ? (2 Co 4.16-18.)
>
> Je me suis souvent montré désobligeant envers ma femme ces derniers temps. Pouvez-vous prier que je sois humble et doux et que nous puissions discuter ensemble de sujets difficiles ? (Ép 4.2.)
>
> Je suis si frustrée contre ma fille. Parfois, je veux être respectée plus que je souhaite être patiente ou compréhensive. Pouvez-vous prier pour moi ? (1 Co 13.4.)
>
> Dernièrement, le gérant de mon service est critique et de mauvaise humeur. Je ne sais même pas qu'en penser. Comment est-ce que je devrais prier ? (Ro 12.18.)

Si nous ne savons pas comment prier, les autres pourront nous aider à relier nos besoins à la Parole de Dieu.

Dieu veut que nous lancions des appels à l'aide, à la fois vers lui et vers les autres. Ce faisant, nous franchirons une étape importante pour pouvoir aider les autres. En effet, ce sont les personnes humbles et qui éprouvent des besoins qui sont le plus en mesure d'aider les autres. En cours de route, chacune d'elles sera une bénédiction pour sa communauté et incitera les autres à être dépendants de Dieu, ouverts et vulnérables.

Questions de discussion

1. Avez-vous déjà demandé à quelqu'un de prier pour vous ? Comment cela s'est-il passé ?

2. Exercez-vous à former des liens entre vos besoins et les promesses de Dieu. Repérez des passages précis des Écritures, si possible, mais ce n'est pas absolument nécessaire au début. Vous pouvez vous servir de vos propres besoins ou utiliser l'un des scénarios suivants :

    - Soucis de santé ;

    - Inquiétudes financières ;

    - Relations difficiles.

3. Comment voulez-vous grandir dans votre interdépendance envers les autres ? À qui pourriez-vous demander de prier pour vous ?

4. Prenez le temps de prier ensemble.

Leçon 2

S'approcher des autres

Dieu prend l'initiative de s'approcher de nous. Nous prenons l'initiative de nous approcher des autres. Cet enseignement est simple et contient une infinité d'applications.

Le Seigneur est toujours le premier à s'avancer.

> Car ainsi parle le Seigneur, l'Éternel : voici, j'aurai soin moi-même de mes brebis, et j'en ferai la revue (Éz 34.11).

Ce passage d'Ézéchiel relate que le peuple de Dieu l'a abandonné, lui, le véritable Berger d'Israël, et qu'il a été maltraité par ses dirigeants. Bien que les brebis ne manifestent aucun intérêt à revenir à l'Éternel, il cherche tout de même celles qui sont perdues, ramène celles qui se sont égarées et panse celles qui sont blessées (v. 11-24). Sa grâce et sa compassion montrent la voie à suivre.

Il existe de nombreuses variantes à cette histoire. Osée a entamé une quête persistante, silencieuse, même anonyme, pour retrouver sa femme rebelle. Cette quête est une image de l'amour incessant de Dieu. Jésus a pris la voie la moins empruntée pour aller rencontrer une femme samaritaine rejetée par la société (Jn 4). Il a aussi dit qu'il se mettrait à la recherche d'une seule brebis qui serait perdue (Lu 15.4-6). Il prend l'initiative et s'approche de ceux qui sont dans le besoin, même s'il ne s'agit que d'une seule personne.

Les rois *reçoivent* les gens. Ils consentent à leur accorder une audience de cinq minutes, pas plus. Les rois ne visitent pas leurs sujets à la maison. Ils ne se détournent pas de leur chemin dans le but de les aider personnellement. Le Roi Jésus est différent ; il quitte son palais dans le but de retrouver ses brebis.

Jésus veut s'approcher de nous, alors nous voulons nous approcher des autres

Toutes les histoires bibliques dans lesquelles l'Éternel s'approche de son peuple sont des histoires de grâce. La grâce est le fait que Dieu s'est approché de nous en Christ. Il ne nous a pas cherchés en raison de notre aptitude à crier vers lui ou parce que nous aurions entrepris de nous réformer nous-mêmes. Nous étions simplement malades et avions besoin de lui. Qui plus est, nous étions ennemis de Dieu et refusions de nous rendre[1].

Dieu est le premier à dire « je t'aime », même si la réponse est un simple haussement d'épaules ou l'équivalent d'un « ah ! merci » indifférent. C'est pour cette raison qu'il est difficile de nous approcher des autres : la personne qui prend l'initiative dans la relation (celle qui manifeste le plus d'amour) est celle qui risque le plus de subir l'humiliation.

Or, nous croyons que Jésus désire vivement s'approcher de nous. Nous abandonnons les mensonges selon lesquels il ne se soucie pas de nous ou nous a oubliés. Grâce à Jésus, nous ne cherchons plus à aller uniquement vers les personnes faciles d'approche dans un groupe, nous nous dirigeons plutôt vers l'individu en retrait, le nouveau venu, l'intrus. Imaginons un groupe de personnes – plus actives que passives – au sein duquel chacun s'approche de l'autre, où l'amour est plus fort que la peur du rejet. Ce groupe a l'air glorieux, il attire le monde. De tels actes sont des exemples de ce que Paul appelle *se revêtir du Seigneur Jésus-Christ*[2]. C'est un signe de la présence du Saint-Esprit à l'œuvre dans la vie de chacun.

En considérant la manière de s'approcher les uns des autres, il faut tenir compte de ceux qui ont connu des épreuves dans la vie. Par exemple, un homme a déjà raconté dans son petit groupe que l'année précédente avait été la plus difficile de sa vie. Quelle fut la réponse des autres ? Personne n'a dit mot. Personne ne l'a même abordé par la suite. Personne n'a dit : « Peux-tu m'en dire plus ? Vas-tu mieux maintenant ? Est-ce que je peux prier pour toi ? » Personne. On n'est pas surpris d'apprendre que cet homme est resté replié sur lui-même au cours des dix années qui ont suivi.

Le silence est trop souvent la réponse instinctive devant les problèmes des autres. Une telle réponse est la même chose que la fuite.

Jésus écoute, alors nous écoutons

Ainsi, nous nous approchons les uns des autres. Les extravertis parmi nous peuvent donner l'impression que la tâche est aisée. En revanche, les timides peuvent se sentir mal à l'aise devant une éventuelle situation embarrassante ou confrontés au silence. Cependant, aller vers les autres avec amour n'est jamais facile ni naturel pour qui que ce soit. Chacun de nous a besoin d'humilité et de l'aide des Écritures pour franchir les étapes initiales d'une conversation bénéfique. Ces étapes pourraient ressembler à ceci :

- Nous réservons un accueil chaleureux à ceux que Dieu appelle « sa famille ».
- Nous apprenons le nom d'une personne, car Dieu la connaît par son nom.

- Nous nous intéressons aux détails de la vie des autres, car Dieu connaît des détails apparemment insignifiants à leur sujet, comme le nombre de cheveux sur leur tête. Est-ce leur première visite à l'église ? Où vivent-ils ? Avec qui vivent-ils ? Travaillent-ils ? Sont-ils aux études ? Ont-ils une famille ?

Nous pourrions apprendre des choses étonnantes. Après tout, la plupart des gens n'ont pas l'habitude qu'on leur demande des détails personnels à leur sujet. Il est ainsi possible d'apprendre bien plus que de l'information de base. Nous pourrions entendre parler d'événements heureux ou de difficultés personnelles.

Les choses agréables pourraient inclure un bon emploi ou une nouvelle relation. Elles pourraient aussi être plus profondes, comme la révélation d'un aspect du caractère de Dieu chez une personne. Cela pourrait se manifester dans l'amour que cette personne porte à sa famille et ses amis, le service qu'elle exerce, les soins qu'elle prodigue aux autres, sa persévérance dans l'épreuve.

Il y aura sans cesse des problèmes : des ennuis de santé personnels ou chez un proche, des injustices au travail ou des relations brisées.

La réponse à tout cela est *l'écoute*. Cela signifie que nous écoutons sans nous laisser distraire, engagés dans la conversation et touchés par ce que nous apprenons. Nous partageons avec l'autre le plaisir des bonnes choses et le fardeau des épreuves. Le scénario qui permet d'obtenir tous ces détails importants peut être imprécis, et j'en reparlerai dans les prochains chapitres. Toutefois, il faut se souvenir d'une chose : il y aura toujours plus de détails à apprendre sur les autres.

> Les desseins dans le cœur de l'homme sont des
> eaux profondes,
> Mais l'homme intelligent sait y puiser (Pr 20.5).

Nous espérons devenir cette personne intelligente, et cela ne se produira que si nous nous approchons des autres.

Questions de discussion

1. Quelqu'un s'est-il vraiment intéressé à votre vie ? Comment cette personne s'est-elle approchée de vous ? De quelle manière cela vous a-t-il encouragé ?

2. Nous espérons être motivés par la manière dont Jésus s'y est pris avec nous. Comment Jésus s'est-il approché de vous ?

3. Qu'est-ce qui vous empêcherait de vous approcher des autres ?

4. Comment espérez-vous franchir le premier pas vers quelqu'un aujourd'hui ou cette semaine ?

Leçon 3

Connaître le cœur

Connaître le cœur, c'est connaître la personne. L'intérêt qui nous pousse à nous aider les uns les autres nous amène à nous engager bien au-delà des conversations banales. Il nous invite à entrer dans le domaine du cœur. Toutes les relations peuvent être enrichies si on maîtrise bien ce domaine.

Si quelqu'un vous demande : « Comment vas-tu ? », vous répondez : « Très bien, merci. Et toi ? »

C'est une salutation agréable.

Cependant, si quelqu'un vous demande : « Comment vas-tu ? », et qu'il s'arrête pour écouter votre réponse, vous serez alors plus disposé à lui en dire davantage.

Les événements et les circonstances de la vie

Au début, demander à une personne de vous raconter ce qui s'est passé au cours de sa journée peut être suffisant pour qu'elle soit disposée à vous en dire davantage.

Par exemple, un parent pourrait demander à sa fille de 12 ans :

« Comment s'est passée ta journée à l'école ?

– Bien.

– Raconte-moi un peu.

– J'ai eu un cours de math, puis de l'histoire, puis on a mangé. »

C'est un bon départ, mais nos conversations devraient couvrir plus que les événements de la journée. Nous sentons qu'il y a quelque chose de plus profond, nous voulons savoir ce qui est important pour l'autre, et c'est là que nous entrons dans ce que les Écritures appellent le « cœur[1] ».

Les questions relatives au cœur

Le cœur peut être voilé et difficile à connaître. On préfère cacher ses pensées honteuùses et ses blessures. Toutefois, si nous acceptons d'être un peu plus vulnérables et que les autres font preuve de délicatesse envers nous, nous découvrirons alors que le fait de connaître et d'être connu se rattache à notre nature. De telles conversations sont un véritable plaisir. De plus, elles sont essentielles si nous cherchons à prendre soin les uns des autres, à nous aider et à nous encourager mutuellement.

Il faut considérer le cœur comme ayant plusieurs couches superposées et de la profondeur. Il est comparé aux racines d'un arbre (Jé 17.5-8), à des eaux profondes (Pr 20.5) et à un trésor qu'on doit amasser (Mt 6.20). Le cœur est très affairé. Par conséquent, il y a toujours plus à y découvrir, même si parfois il faut du temps et de la confiance pour y puiser quoi que ce soit.

Les désirs naturels

Lorsque nous découvrons des besoins, des affections ou des désirs, nous savons qu'il s'agit du cœur. C'est là que nous entreposons ce que nous considérons comme le plus précieux.

Nous voulons le repos et la santé pour nos corps,
le meilleur pour nous amis et notre famille,
la protection contre nos ennemis,
un travail riche de sens,
une vie qui compte vraiment,
la paix,
l'amour.

Ces désirs sont importants aux yeux du Seigneur. Il invite les siens à répandre leurs cœurs devant lui (Ps 62.9). C'est ainsi que son amour opère. Il partage les joies et les douleurs de ses bien-aimés. Le Seigneur les *entend* dans tous les sens du terme. Il écoute et il est ému. Il les invite à crier à lui et répond avec compassion, leur rappelant sa fidélité passée et la certitude de ses promesses.

Puis, en guise de réponse, nous faisons de même les uns envers les autres. Nous invitons les autres à parler. Nous entrons dans leur univers. Nous écoutons pour apprendre ce qui leur tient particulièrement à cœur. Nous tendons l'oreille et prenons note de leurs émotions, car c'est là que nous trouverons les besoins et les désirs.

« Quels ont été les points marquants de ta journée ? »
« Qu'est-ce qui a été particulièrement difficile ? »

De telles questions peuvent orienter une conversation dans la bonne direction. Elles mènent aux désirs naturels satisfaits ou contrecarrés. C'est normalement la première étape qui conduit au cœur.

Les désirs moraux

Plus profondément, sous ce tourbillon de désirs, se trouve la direction morale de la vie :

> L'homme bon tire de bonnes choses du bon trésor de son cœur, et le méchant tire de mauvaises choses de son mauvais trésor ; car c'est de l'abondance du cœur que la bouche parle (Lu 6.45).

Un ami m'a demandé : « Comment va ton cœur ? »

Cette question a une plus grande portée. En effet, il me demandait plus précisément de quelle manière mes désirs donnaient le ton à ma vie sur le plan moral et spirituel.

À ce niveau, les cœurs peuvent être droits, fermes, sains, contrits, purs ou pleins de duplicité, corrompus, durs, débordants de folie.

En d'autres mots, mon ami me demandait : « Comment t'en sors-tu dans tes luttes spirituelles ? Comment gères-tu les tentations dans ta vie ? » D'ordinaire, seuls les proches avec qui nous entretenons une relation mature et aimante ont accès à ces recoins de notre cœur.

Les désirs centrés sur Dieu

De toute évidence, la direction morale de nos vies est fondée sur une personne. La direction de nos cœurs ne se limite jamais au simple respect ou rejet de la loi. Nos cœurs connaissent le Dieu Créateur (Ro 1.19-21 ; 2.14,15), nos vies entières sont vécues en relation avec lui :

> Quand nous transgressons sa loi, nous déshonorons son nom et nous nous détournons de ses voies.
>
> Quand nous aimons les autres, nous l'honorons et l'aimons.
>
> Quand nous avons peur, nous avons besoin de le connaître plus profondément et de savoir qu'il est tout près de nous.
>
> Quand nous sommes en colère, nous nous détournons de lui et cherchons à satisfaire nos propres désirs avant tout.

Quand nous éprouvons de la honte, nous nous détournons de lui puisque nous croyons qu'il s'est éloigné de nous, ce qui est un mensonge.

Que nous en prenions conscience ou non, nous vivons tous devant la face de Dieu. La vie est intensément personnelle. Dieu s'approche de nous et nous invite à le connaître par la personne de Jésus : voilà ce qui se trouve dans *son* cœur. Quant à nous, notre réponse comporte une alternative : soit les désirs centrés sur Dieu s'éveillent en nous – nous cherchons alors à entendre Jésus, à le connaître, à venir à lui, à lui parler et à prendre part à l'œuvre de son royaume –, soit nos désirs égoïstes s'attachent à d'autres dieux et à d'autres royaumes auxquels nous attribuons une plus grande valeur. En d'autres termes, nous nous confions en Dieu ou en nous-mêmes et dans l'objet de notre affection. Soit nous nous tournons vers lui, soit nous nous détournons de lui.

En ce qui a trait aux profondeurs mêmes du cœur, il ne s'agit pas de savoir *ce que* nous aimons, mais *qui* nous aimons[2].

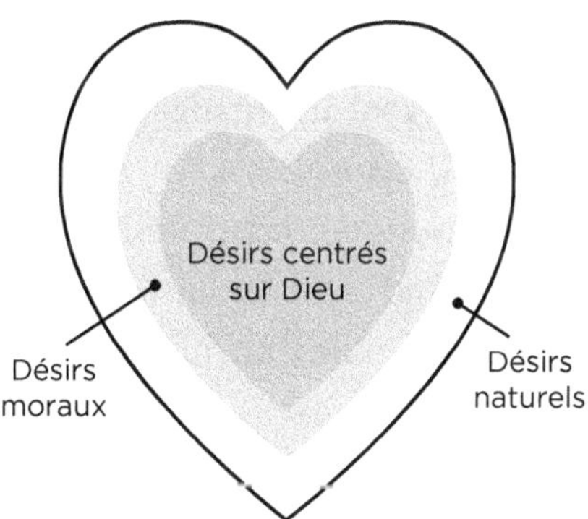

Mieux connaître les autres et se réjouir

Voici comment entrer plus profondément dans la vie d'une personne :

1. Demandons-lui : « Comment ça va ? » Ensuite, soyons sensibles aux émotions intenses qu'elle exprime. Voilà le chemin qui mène à son cœur et qui nous permettra de l'aider. Prêtons attention aux joies et aux peines, aux espoirs et aux craintes, et portons-lui un réel intérêt.
2. Réjouissons-nous du bien. Cherchons avant tout « l'amour, la joie, la paix, la patience, la bonté, la bienveillance, la foi, la douceur, la maîtrise de soi » (Ga 5.22,23) et d'autres traits personnels ressemblant à Jésus. Réjouissons-nous en voyant de tels reflets de Christ, soulignons-les, et manifestons simplement de l'estime pour cette personne.
3. Ayons compassion devant les tribulations, et elles seront nombreuses (Jn 16.33). Plus nous passerons de temps avec quelqu'un, plus nous entendrons parler de ses difficultés. En les entendant, cherchons à grandir en compassion.
4. Après avoir marché ensemble pendant un certain temps, il se peut que nous découvrions que les fondements spirituels chez l'autre sont un amalgame de foi en Jésus et de confiance en soi. Dans un tel cas, parlons-lui de Jésus, de son amour, et prions que cette personne apprenne à mieux le connaître. Quand on se détourne du Seigneur, c'est qu'on a oublié qui il est vraiment. La solution consiste donc à mieux le connaître.

Tous les chrétiens sont saints, souffrants et pécheurs, et ils espèrent tous s'ouvrir davantage aux autres. Comme eux, nous parlerons plus ouvertement de nos affections avec quelqu'un qui s'en enquerra. Nous voulons connaître les autres et être connus d'eux.

Questions de discussion

1. Ci-dessous, se trouve un diagramme utile. Le cœur s'y trouve en plein centre. Le cercle autour du cœur représente le corps. Ensemble, ils composent la personne. Plus loin du centre, se trouvent des exemples d'influences qui façonnent nos vies. Les cercles intérieurs représentent des choses visibles ; les cercles extérieurs, des choses invisibles. La flèche entre le cœur et Dieu suggère qu'il existe un échange constant entre eux, dans les deux directions. Elle indique aussi que le cœur est *affecté* par toutes les circonstances de la vie (la flèche pointe vers nous) et qu'il *interprète* aussi toutes les circonstances de la vie (la flèche part de nous). De toute évidence, beaucoup de choses se passent dans le cœur.

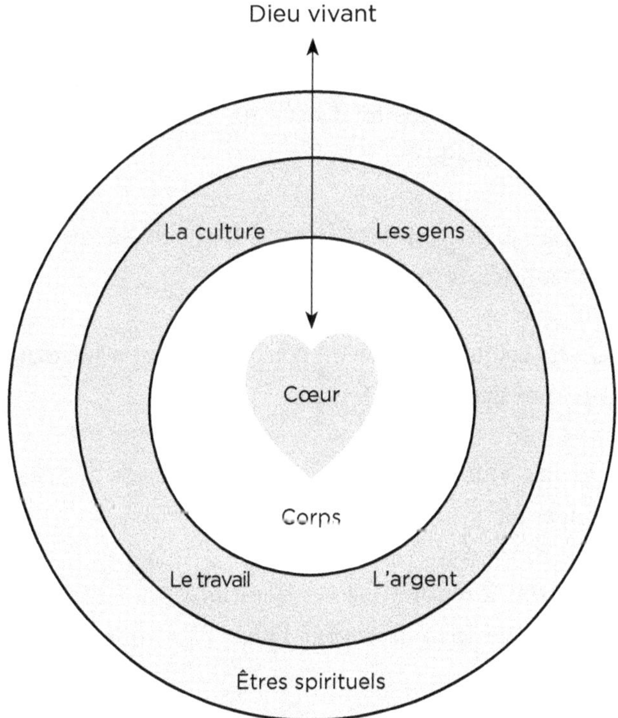

Comment cette réflexion vous aide-t-elle à comprendre votre âme ?

Quelles questions vous posez-vous ?

2. Quelles sont les questions qui vous aident à comprendre votre cœur ?

    - Qu'aimez-vous ? Quels sont vos désirs ?
    - Qu'est-ce qui vous rend heureux ? Lesquels de vos désirs ont été satisfaits ?
    - Qu'est-ce qui vous rend triste ? Lesquels de vos désirs ont été reportés ou contrecarrés ?
    - Qu'est-ce qui vous met en colère ? C'est une autre question à propos des désirs déçus.
    - Quelles sont vos craintes ? Lesquels de vos désirs sont en danger ?

Exercez-vous à répondre à ces questions pour vous-même et à être plus transparent devant Dieu. Plus vous comprendrez comment fonctionne votre cœur, mieux vous saurez comment accéder aux profondeurs de celui des autres.

3. Exercez-vous à voir le bien ; pas simplement les circonstances, mais aussi la bonté morale. Remarquez quand une personne est patiente lorsqu'on la maltraite, douce lorsqu'on lui manque d'égard ; quand elle fait preuve de pardon, de délicatesse ou refuse d'agir selon des désirs coupables. De façon générale, il faudrait remarquer ces choses avant de lui parler de sujets plus difficiles.

- Quelles sont les bonnes choses que vous avez remarquées chez les autres lors des derniers jours ?

- Pourquoi est-il important de voir le bien chez les autres ?

Leçon 4

Connaître les influences cruciales

Pour aider les autres avec sagesse, nous devons connaître le cœur et ce qui l'influence de façon significative. Deux influences se démarquent des autres : le corps physique et les autres personnes.

Il se mijote toujours quelque chose dans notre cœur. Il s'affaire tout particulièrement autour de ce qui nous semble important. Nous aimons, planifions, évitons, adorons ; nous nous inquiétons, nous reposons, nous dissimulons, et bien plus encore. Or, le cœur n'est pas le seul à s'affairer, puisque le monde aussi bouge sans cesse. On perd un emploi, le couple se querelle, la voiture tombe en panne… On est invité à un repas, on est convalescent, on est aimé… La vie s'accompagne toujours de choses difficiles et de bonnes choses. Si nous voulons connaître et aider les autres, nous devons nous trouver là où leur monde et leur cœur se croisent.

Dans le diagramme ci-dessous, la flèche se déplace dans les deux sens entre ce qui se trouve à l'extérieur et la personne même. Le corps, le travail, l'argent, la culture, les autres et même les êtres spirituels sont tous engagés dans une négociation avec le cœur, contestant ou confirmant ses croyances. Dieu, bien sûr, est au-dessus de toutes ces choses, et c'est sa voix que nous voulons entendre le plus clairement.

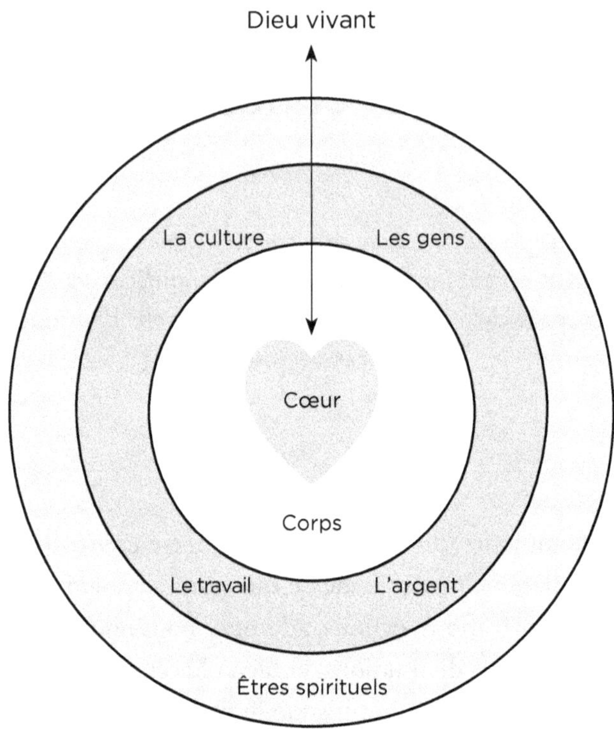

Un nombre incalculable de choses influencent le cœur. Nous cherchons à déterminer celles qui sont les plus importantes. Parmi ces dernières, on doit d'abord tenir compte de l'impact exercé par les autres et de l'effet produit par les faiblesses physiques et mentales.

Les autres : des instruments de guérison ou de blessure

Ce sont les personnes qui produisent l'impact le plus évident sur notre vie. Même dans la pauvreté la plus abjecte, on juge de la qualité de sa vie selon ses relations. Quand on est riche sur le plan des amitiés et des relations familiales, la vie est belle. En revanche, aucune somme d'argent ne saurait combler la solitude et l'isolement. Les mauvais traitements subis et le rejet des autres semblent produire des ondes de choc interminables. Les autres sont à la fois une source de bénédiction et de malédiction.

Le Psaume 133 exalte les bénédictions relatives à l'unité.

> Oh! Qu'il est agréable, qu'il est doux
> pour des frères de demeurer ensemble !
> C'est comme l'huile précieuse versée sur la tête
> qui descend sur la barbe, sur la barbe d'Aaron,
> et sur le col de ses vêtements (v. 1,2 ; *Segond 21*).

Cependant, plusieurs autres psaumes décrivent les douleurs de l'isolement, des amis qui se comportent comme des ennemis, des ennemis qui se comportent comme tels et des effets néfastes de l'injustice.

Nous savons ceci : Dieu agit même au sein des relations difficiles, de la victimisation et de l'oppression. L'exode des enfants d'Israël hors de l'Égypte s'est produit parce que Dieu a entendu le cri des esclaves, même s'ils ne criaient pas vers lui. Jésus lui-même, notre grand prêtre, est entré dans ce monde d'incompréhension et de mauvais traitements, puisqu'il a été « rendu semblable en toutes choses à ses frères, afin qu'il soit un souverain sacrificateur miséricordieux et fidèle » agissant en faveur de ceux qui étaient blessés et opprimés (Hé 2.17).

Or, si Dieu est actif, Satan l'est aussi. Nous savons que ce dernier utilise de telles épreuves pour semer le doute concernant l'amour et la compassion de Dieu. Dieu se soucie-t-il réellement des siens ? Un bon père laisserait-il ses enfants vivre de telles souffrances ? Toutes les circonstances douloureuses de la vie peuvent provoquer une cacophonie de voix rivales pouvant mettre le cœur au grand jour ou l'alourdir. Il existe plusieurs manières de répondre à ces attaques :

- On peut croire en la puissance ainsi qu'en la justice de Dieu et demeurer reconnaissant.
- On peut s'aigrir et prendre soi-même les choses en main.
- On peut demeurer confiant en l'amour de Dieu en gardant les yeux fixés sur Jésus.
- On peut croire que Dieu s'est éloigné et que ces souffrances l'indiffèrent.

Que ceux qui prennent soin des autres soient ici sur leurs gardes. Ces réponses révèlent des choses importantes mais, dans le contexte de l'entraide, on aborde rarement les réponses du cœur en premier lieu. On tend plutôt à se concentrer sur les relations qui ont été difficiles. On n'entamerait pas une conversation avec Job en lui demandant : « Quelle a été ta réaction devant Dieu en ce qui concerne la perte de tes enfants et tes pénibles douleurs physiques ? » Ce genre de question manque de compassion et ne sert à rien.

Cela ne signifie pas que nous remettions à plus tard les discussions au sujet de Dieu, mais veut simplement dire qu'il faut aborder les affaires du cœur de manière délicate. La meilleure aide présente le Christ le plus tôt et le plus souvent possible. Lorsque nous entendons parler de circonstances accablantes ou de relations troubles, nous voulons nous aider mutuellement à présenter ces difficultés au Seigneur, à implorer sa compassion et sa force et à nous assurer de son amour fidèle.

Si quelqu'un nous parle des bonnes relations qu'il entretient, nous partageons la bénédiction avec lui. Si on nous parle de relations difficiles, nous en prenons bonne note en espérant recevoir de meilleures nouvelles bientôt et nous demandons comment, entre temps, prier pour cette situation.

Le corps est fort, et le corps est faible

L'impact que le corps même produit sur le cœur n'a d'égal que celui exercé par les personnes de notre entourage. Notre corps, c'est nous. Or, ce dernier influence le cœur au même titre que les personnes de notre entourage. Dans le diagramme figurant ci-dessus, le corps est représenté par un cercle, ce qui suggère que, même s'il fait partie de qui nous *sommes*, il a aussi un impact sur nous. Par exemple, une mauvaise santé est perçue comme une chose qui *arrive* aux gens. C'est l'un des problèmes les plus préoccupants qui peut arriver à quelqu'un.

« Comment vas-tu ? » est une salutation courante et universelle.

« Peux-tu prier pour ma santé ? » est l'une des requêtes de prière les plus communes.

Nous sommes des êtres physiques et nous le serons jusqu'à la mort. Le temps viendra où les corps des saints seront renouvelés mais, pour l'instant, ils sont capricieux. Au maximum de ses capacités, le corps – et le cerveau – est fort et en bonne santé. Tout semble fonctionner parfaitement et aucune douleur ne réclame notre attention. Autrement, le corps est faible et tombe en décrépitude. Il devient alors un sujet de préoccupations envahissantes et constantes. L'apôtre Paul le résume ainsi :

> Et même si notre homme extérieur [*notre corps*] se détruit, notre homme intérieur [*notre cœur et notre âme*] se renouvelle de jour en jour (2 Co 4.16).

L'un des buts du chrétien est de prendre de plus en plus conscience de ses forces et de ses faiblesses physiques.

Les faiblesses physiques font partie de la vie courante. On connaît les troubles de la vision, les douleurs chroniques, les AVC et les fractures osseuses. Toutefois, comme c'est le cas pour toute connaissance réciproque, on veut en savoir davantage. Par exemple, il existe différentes manières d'ordonner sa vie. Certaines personnes peuvent établir des étapes précises pour accomplir des buts bien définis ; d'autres sont moins méthodiques. Ce processus est influencé par des forces et des faiblesses physiques cérébrales. Certains se concentrent intensément sur les détails ; d'autres voient le plan dans son ensemble au détriment de ces détails. Cela aussi peut être influencé par des différences cérébrales individuelles.

Des études récentes, qui se sont penchées sur la relation entre le cerveau et le comportement, ont approfondi la compréhension de problématiques difficiles telles que la démence chez l'adulte et les différences relatives à l'apprentissage chez l'enfant. Certaines avancées en psychiatrie moderne fournissent quelques indices quant à l'interdépendance de la pensée, des émotions et du fonctionnement du cerveau. Il n'est pas nécessaire d'être des experts dans ces domaines de recherche, mais nous voulons apprendre ce que nous pouvons, recevoir de l'aide de ceux qui ont plus d'expérience et être humbles en ce qui a trait à la complexité du corps humain.

Quand quelqu'un nous parle de sa bonne santé, nous nous réjouissons et prenons part à sa bénédiction. Quand on nous parle de déficiences et de maladies, nous cherchons à mieux comprendre, nous manifestons de la compassion et nous prions.

- Nous rendons grâce pour une bonne santé.
- Nous prions pour la guérison au cours de la maladie.
- Nous prions pour que la foi soit renouvelée durant la maladie.

En règle générale, plus nous comprenons les faiblesses physiques d'une personne, plus nous ferons preuve de patience envers elle.

Le pouvoir des circonstances

Les circonstances de la vie n'ont pas le pouvoir de détourner qui que ce soit de Jésus, ni de faire en sorte qu'on l'aime davantage. Ces choses relèvent du cœur. Cependant, elles *peuvent* rendre la vie plus facile ou plus difficile. Elles permettent de révéler, par la mise à l'épreuve, des choses étonnantes qui demeuraient jusque-là silencieusement au fond du cœur. C'est lorsque nous butons sur une pierre au pire moment que nous prenons conscience de l'ampleur de notre colère et de l'esprit revendicateur qui nous anime. Ces attitudes du cœur sont souvent beaucoup plus présentes que nous le pensions.

Ainsi, montrons-nous attentifs lorsque nous nous trouvons à la croisée de la vie et du cœur. Nous constaterons alors que ces personnes qui semblent si sévères ou distantes ont été blessées, et qu'il faut creuser un peu plus loin pour découvrir leur gentillesse. Nous pourrions également découvrir que ceux qui semblent les plus craintifs sont en fait des géants de la foi, ou que ceux qui ont été bafoués et osent en parler ouvertement sont peut-être les plus braves de tous. Les profondeurs du cœur et ses multiples méandres semblent sans limites. Nous avons le privilège de partager et de connaître certains de ces endroits secrets. Bien qu'il soit impossible de nous connaître les uns les autres de manière exhaustive, nous pouvons apprendre à connaître les autres pour qui ils sont vraiment.

Questions de discussion

1. La vie de chacun est façonnée par de multiples influences : les gens, le corps, le cerveau, l'éducation, le climat, la culture locale, les leaders politiques, la race, les guerres, etc. Quelles ont été les influences dominantes dans votre vie ? Quels effets ces influences ont-elles produits sur votre cœur ?

2. De nos jours, on fait plus attention à la manière de décrire les différences individuelles ayant rapport au cerveau. Quelles connaissances dans ce domaine vous ont le plus aidé à vous comprendre vous-même et à comprendre les autres ? Comment le fait de connaître les faiblesses physiques d'une personne de votre entourage vous a-t-il aidé à montrer plus de patience et d'amour à son égard ?

3. Le Psaume 130 indique comment les circonstances de la vie d'une personne mènent naturellement vers son cœur :

   Du fond de l'abîme je t'invoque, ô Éternel !
   Seigneur, écoute ma voix !
   Que tes oreilles soient attentives
   À la voix de mes supplications !
   Si tu gardais le souvenir des iniquités, Éternel,
   Seigneur, qui pourrait subsister ?

Mais le pardon se trouve auprès de toi,
Afin qu'on te craigne (v. 1-4).

Quelles que soient les circonstances du psalmiste, celles-ci sont extrêmes. Il décrit une expérience qui frôle la mort de près, quoiqu'il soit toujours en vie. Or, il dirige ses cris vers le Seigneur. Il se souvient de ceci : si le Seigneur, dans sa bienveillance, pardonne même à ses ennemis, il peut être sûr de la présence de Dieu durant ces temps difficiles.

Nous ne nions pas les épreuves de la vie. Au contraire, nous voulons en parler au Dieu qui entend les cris des siens, qui se souvient de ses promesses et de son amour fidèle, et nous désirons croître dans notre foi en lui.

Prenons le temps de prier que nous puissions parler à la manière de tels psaumes.

Leçon 5

Adopter une approche personnelle et prier

Bien qu'on puisse penser qu'une perspicacité accrue favorise une aide efficace, cette dernière se manifeste souvent de façon beaucoup plus ordinaire. Elle s'exprime au sein de notre engagement personnel réciproque, par la considération que nous portons à Christ et au moyen de la prière.

Examinons à nouveau le diagramme du cœur et des cercles concentriques qui se trouve ci-dessous.

Sa structure est simple, mais elle offre des éclaircissements sur toutes les difficultés humaines. On y trouve une manière d'interpréter tous les problèmes psychiatriques ou psychologiques qui sont souvent grandement influencés par le corps et le cerveau. Ce diagramme explique également pourquoi nous nous sentons plus purs durant l'adoration en Église, lorsque nous chantons des cantiques et des louanges : l'adoration pénètre au plus profond des âmes et des cœurs[1].

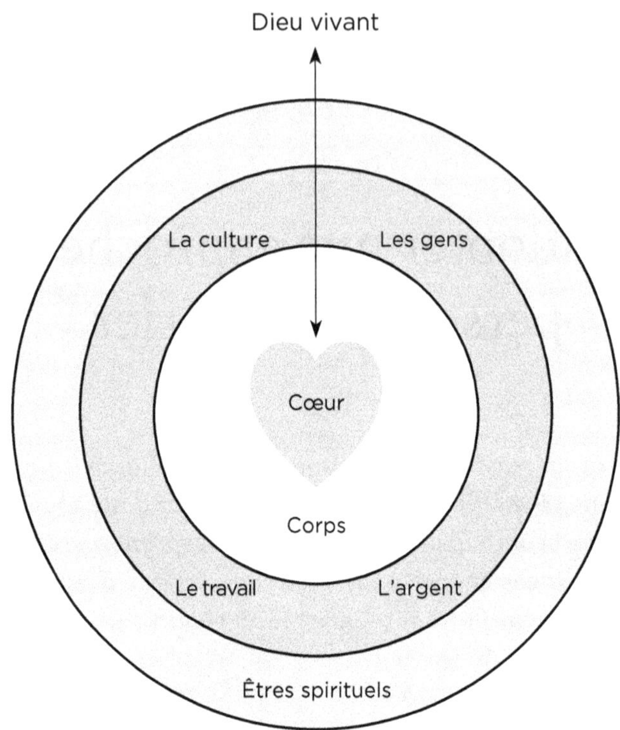

Rappelons-nous que Jésus-Christ n'exerce pas son action simplement sur la vie spirituelle, comme si le *spirituel* était distinct de la sphère des pensées, des émotions ou des relations. Au contraire, nos vies entières sont spirituelles, puisque Christ est notre réconfort, notre pardon, notre honneur, notre justice, notre puissance, notre joie et notre espérance. La structure même de notre être fait en sorte que la connaissance de Jésus et la foi en lui sont au centre du cœur. Ce n'est que lorsqu'il se repose en Jésus que son peuple peut prospérer.

Équipés de ces éléments de base, nous cherchons à en retirer de plus en plus d'applications pratiques pour tenir des conversations sages et utiles.

Adopter une approche personnelle et prier sont deux habiletés que nous souhaitons maîtriser.

Adopter une approche personnelle

Voici une vérité riche de sens : Dieu s'adresse à nous de façon personnelle ; par conséquent, nous devons nous approcher de lui et des autres de façon personnelle.

« S'approcher de façon personnelle » signifie que Dieu vient tout près de son peuple ; il lui parle et l'invite à lui répondre. Et quand son peuple lui répond, il entend. Cela signifie qu'il nous écoute et qu'il est influencé par ce que nous lui disons. C'est un peu comme être invité chez lui, où il nous parle ouvertement et avec amour. Il nous fait l'honneur de la plus cordiale hospitalité divine. Tout cela semble presque trop beau pour être vrai, mais le Seigneur nous invite alors à lui confier ce qui importe vraiment pour nous. Et tandis que nous lui parlons, il s'intéresse à nous, se montre attentif et réceptif.

C'est ce que nous pourrions appeler « la communion ».

La vie de Jésus sur terre est la preuve de la communion personnelle de Dieu avec nous. Il a parlé, écouté et a été ému par ce qu'il a vu et entendu. Toutes les mentions de sa compassion et de sa grâce sont des preuves du caractère personnel de Dieu et de sa proximité. Pensons à la conversation de Jésus avec la Samaritaine (Jn 4.1-42). Il s'est approché de cette femme ostracisée, a entamé avec elle la plus longue conversation relatée dans tout le Nouveau Testament et s'est dévoilé à elle comme étant le Christ. Il s'est approché d'elle comme un serviteur, un ami, et Dieu lui-même.

De la même manière, nous aidons les autres de façon personnelle. Nous sommes un mélange de serviteur et d'ami. En tant que serviteurs, nous accordons la priorité à l'autre et agissons dans son intérêt. En tant qu'amis, nous avons de l'estime pour la personne, portons ses fardeaux et partageons même ce qui se trouve au fond de notre cœur.

Nous estimons les autres et prenons part aux bénédictions qu'ils reçoivent :

« Bravo ! Je suis content pour toi. »
« Il faut célébrer ça ! »
« Quel beau cadeau ! C'est tout simplement merveilleux. »

Nous apprécions aussi les bonnes choses qui sortent de leur cœur :

« Ta franchise en ce qui concerne ta vie m'a beaucoup appris sur la grâce. »
« Merci de t'être inquiété pour moi. Ça me rappelle que je ne suis pas seul. »
« J'aime vraiment voir la patience et la sagesse que tu as envers tes enfants. »

Nous faisons preuve de compassion envers ceux qui portent de lourds fardeaux et subissent de terribles souffrances, et nous les partageons avec eux :

« Je suis vraiment désolé. »
« Ça semble si difficile… Peux-tu m'en dire un peu plus ? »
« Je t'ai à cœur. »

Nous nous réjouissons « avec ceux qui se réjouissent ; *[et pleurons]* avec ceux qui pleurent » (Ro 12.15) parce que cela reflète le caractère de Dieu.

Pour s'approcher des autres de façon personnelle, il faut dire *quelque chose* quand ils nous donnent accès à leurs trésors intérieurs. Il n'est pas nécessaire de parler beaucoup. Laissons la règle d'or (Mt 7.12[2]) et l'humilité nous servir de guides. En appliquant la règle d'or, demandons-nous : « Quand j'étais dans une situation semblable, qu'est-ce qu'on m'a dit qui m'a aidé et encouragé ? » Avec humilité, demandons-nous : « Comment pourrais-je t'encourager, *toi* ? » Si nous ne savons que dire ou que faire, demandons de l'aide.

En considérant une variante de la règle d'or, nous pourrions aussi nous demander ce qui n'a *pas été* utile pour les autres ou pour soi-même. Par exemple, il ne sert à rien normalement d'offrir des conseils à quelqu'un qui n'en a pas demandé, même si cette personne a des difficultés. Ces conseils décrivent ce que *nous* ferions dans cette situation, même si nous ne nous sommes jamais trouvés dans une telle situation. C'est là une attitude paternaliste et dépourvue de compassion. Qui plus est, de tels conseils sont rarement personnels, alors gardons-nous d'en offrir aux autres, à moins qu'ils en demandent.

Il peut aussi être futile de parler de *soi*, du moins au début :

> « Vraiment ? Ma mère aussi souffrait de la maladie d'Alzheimer. »
>
> « Il m'arrive d'être déprimé, moi aussi. L'an passé, j'étais tellement épuisé que… »

L'intention consiste à inviter l'autre à s'ouvrir davantage, et c'est sans doute ce qui se produirait dans certaines relations. Or, ces commentaires pourraient aussi s'écarter du sujet de la conversation pour parler de ce qui se trouve dans son cœur et non dans celui de l'autre. Dans le cas où l'on partage une expérience personnelle semblable, il faut s'assurer de revenir à ce qui préoccupe l'autre.

Prier

Nous pouvons certainement nous approcher des autres en priant pour eux. De toute évidence, cela indique qu'ils nous tiennent à cœur. La prière allie la connaissance que nous avons des autres, l'amour que nous éprouvons pour eux, et notre connaissance de Dieu et de ses promesses.

Le scénario suivant pourrait se produire : nous nous dirigeons vers une nouvelle personne après le culte. Nous la saluons, nous cherchons à la connaître. Nous apprenons ainsi certaines choses à son sujet : où elle travaille, où elle habite, depuis quand elle vit à cet endroit. Nous apprenons alors qu'elle cherche un nouvel emploi.

Au cours de la semaine qui suit, nous prions pour cette personne à quelques reprises. Puis, lorsque nous la rencontrons de nouveau, nous lui demandons où elle en est dans sa recherche d'emploi. Quand elle répond qu'elle n'a rien trouvé encore, nous cherchons à en savoir davantage : quel genre de postes a-t-elle occupé dans le passé, quel genre d'emplois l'intéresse ? Puis nous prions pour la personne :

> « Cela semble plutôt difficile. Comment puis-je prier pour toi ?
> – Tu pourrais prier pour que je trouve un emploi bientôt.
> – Puis-je prier pour toi maintenant ? »

Nous nous approchons de son cœur et des choses qui sont importantes pour elle. Par la suite, nous pouvons poser d'autres questions :

> « As-tu des idées quant au genre d'emploi que tu pourrais trouver ? »

Nos questions pourraient aussi porter sur des sujets plus généraux :

> « Quelle Église fréquentais-tu auparavant ? »

Au cours de la conversation, nous sommes constamment à l'écoute pour déceler ce qui est le plus important. Nous considérons ses affections et ses émotions.

En lisant les Écritures, certains passages peuvent nous orienter dans notre manière de prier pour cette personne. Nous lui faisons part de nos découvertes et lui demandons si d'autres passages sont importants pour elle. Nous l'invitons alors à se joindre à un petit groupe où elle pourrait apprendre à connaître de nouvelles personnes, qui apprendraient également à la connaître.

Voici les points essentiels quand il s'agit d'aider et de prendre soin des autres :

> Adoptons une approche personnelle, c'est-à-dire allons à la rencontre des autres, apprenons à les connaître et à nous émouvoir de ce qui leur tient à cœur.
>
> Prier pour les autres et avec eux. La meilleure aide reconnaît les besoins qui ne peuvent être comblés qu'en Jésus-Christ. Ces besoins sont les plus importants et les plus profonds.

Une fois que les autres nous invitent dans leur vie, il y a tellement de questions et de problèmes à considérer :

> « Que dois-je faire concernant la colère de ma fille ? »
> « Mon mari m'a frappée cette semaine.
> Que devrais-je faire ? »
> « J'ai l'impression d'avoir échoué dans tous les domaines. »

Nous n'avons pas à connaître toutes les réponses. L'humilité et l'amour veulent en savoir davantage ; par conséquent, nous posons des questions. Nous demandons ce qui a été utile ou inutile jusqu'à présent. Nous réfléchissons à la manière dont nous devrions prier.

Enfin, il existe toujours une aide complémentaire au sein du corps de Christ ; nous cherchons donc de l'aide ensemble.

Questions de discussion

1. Parlez d'un temps où vous avez été béni par l'approche personnelle d'un autre envers vous. En d'autres termes, à quel moment avez-vous été encouragé par quelqu'un qui vous a vraiment écouté et entendu ?

2. Dieu révèle un aspect déconcertant de son caractère lorsqu'il déclare, en réponse à l'attachement vacillant d'Israël à son égard :

    > Mon cœur s'agite au-dedans de moi, toutes mes compassions sont émues (Os 11.8).

    « S'agiter » ne veut pas dire la même chose que « prendre du recul ». Cela signifie plutôt que le cœur de Dieu est saisi d'une vive émotion à l'égard de son peuple. Le Seigneur se laisse émouvoir par son peuple ; nous voulons aussi nous laisser émouvoir par les plaisirs et les difficultés que vivent ceux que nous aimons. En pensant au fait que Dieu se laisse émouvoir par son peuple, nous espérons être plus sensibles aux autres. Comment ces réalités influent-elles sur la manière dont vous priez ?

3. Il est parfois difficile de passer de l'étape de la connaissance des autres à celle de prier pour eux en leur présence. Pourquoi en est-il ainsi ? Comment souhaitez-vous mieux prier pour les autres ?

4. Prenez le temps de prier ensemble les uns pour les autres.

Leçon 6

Parler de la souffrance

Les épreuves et la souffrance abondent. Les Écritures y répondent en abordant à maintes reprises la question de la souffrance. L'histoire de l'Exode est l'une des premières à traiter du sujet.

Un grand nombre de conversations auxquelles nous prenons part concernent les épreuves. Pour cette raison, nous voulons savoir ce que Dieu dit à ceux qui souffrent. La plupart d'entre nous y ont déjà réfléchi. Nous avons tous une idée de ce que le Seigneur dit. À vrai dire, nous cherchons à affiner cette connaissance et à la compléter.

Comment s'y prendre ?

Certaines de nos difficultés sont clairement définies dans les Écritures. Par exemple, on peut chercher le mot « peur » ou « crainte » dans une concordance biblique et y trouver immédiatement des centaines de passages. Or, que faire quand les Écritures demeurent silencieuses à propos d'un problème particulier ? Par exemple, elles semblent muettes en ce qui concerne les troubles psychiatriques, une question pressante pour plusieurs personnes. Dans de tels cas, nous demandons l'aide d'individus sages et demeurons à l'écoute de ceux qui éprouvent des difficultés. Ce faisant, nous remarquons deux choses :

1. Chaque difficulté est unique. Aucune forme de souffrance n'est identique à une autre.
2. Les difficultés ont toutes un dénominateur commun. Elles sont toutes pénibles et laissent ceux qui les vivent à bout de forces. C'est pour cette raison qu'un psaume peut s'appliquer à tant de problèmes différents.

L'histoire qui suit couvre un large éventail de souffrances humaines. Elle ne décrit pas toutes les formes d'attaques qu'il est possible de subir, mais constitue un récit type qui nous sert de guide.

L'histoire du désert

L'histoire de l'Exode commence par les compassions de Dieu et la délivrance de son peuple : « les enfants d'Israël gémissaient encore sous la servitude, et poussaient des cris. Ces cris, que leur arrachait la servitude, montèrent jusqu'à Dieu. Dieu entendit leurs gémissements » (Ex 2.23,24). Le Seigneur leur montra alors sa puissance, qui surpassait celle de l'Égypte, et les en fit sortir. Le plan original consistait à traverser le désert, pour atteindre la Terre promise, mais le voyage à travers le désert se prolongea considérablement et fut plus difficile qu'on aurait pu l'anticiper.

Puisque le désert est pénible, nous répondons avec compassion

Le désert est bel et bien un lieu de détresse et d'impuissance. Cette histoire concerne tous ceux qui se sont déjà sentis faibles et misérables au milieu de leur souffrance. Dans le désert, on a l'impression que tout est perdu et qu'il est impossible de faire un pas de plus. Les dangers y sont multiples. Puisque nous cherchons à aider les autres, la marche à travers le désert de ceux que nous aimons éveillera notre compassion envers eux. Nous pleurons avec ceux qui pleurent, nous nous approchons d'eux et prions pour qu'ils soient affermis.

On ne trouve pas que des épreuves dans le désert

Les choses ne sont pas exactement comme elles le semblent. Bien que nos sens nous laissent entendre que nous sommes seuls, le Seigneur se tient tout près. Or, puisqu'il est la source de la vie, celle-ci paraîtra même sur une terre en apparence dénuée. Ce désert est l'endroit où l'eau jaillit des rochers et où la manne tombe chaque matin.

C'est aussi là que le Seigneur met ses enfants royaux à l'épreuve et les forme afin qu'ils puissent sonder leurs propres cœurs et qu'ils parviennent à s'élever en maturité et en sagesse jusqu'à sa cour royale (De 8.1-3 ; Ja 1.2-5). Cette mise à l'épreuve pénètre jusqu'aux profondeurs de l'âme. Lui accorderons-nous notre foi et notre confiance quand les circonstances semblent insurmontables ?

Lors de l'épreuve du désert, Israël a oublié Dieu. Son peuple s'est plaint, l'a critiqué et outragé ; il a voulu retourner en Égypte et a cherché son secours ailleurs qu'en l'Éternel. Trop souvent, nous agissons de la même manière durant notre propre périple. Et quand la vie est difficile, nous croyons davantage ce que la raison nous dit que ce que Dieu nous a promis.

En réponse à cette loyauté précaire chez l'être humain, Jésus lui-même est entré dans le désert. On découvre que le voyage dans le désert, le chemin par lequel Dieu fait passer ses enfants royaux, est le chemin du Roi Jésus (Mt 4.1-11). Après que l'humanité y a subi d'innombrables défaites, son champion a pris la relève. Néanmoins, sa voie fut différente. Tandis que le peuple avait reçu la manne, Jésus ne se nourrissait pas de pain mais des seules paroles de son Père. Bien que Satan fût dans l'ombre durant la marche de l'Exode, il s'est présenté directement pour combattre le Messie affaibli et a dirigé tout son arsenal spirituel contre lui. Cependant, les stratégies de l'ennemi étaient familières : « Les voies de Dieu sont mauvaises. Aie confiance en toi, en moi, en ces idoles mortes. » Au moment où les difficultés surviennent, nous entendons assurément Satan débiter ses mensonges qui mettent en cause l'amour, la générosité et la véracité du Seigneur.

Notre Roi s'est délibérément engagé dans la situation la plus pénible qui soit. Là, il a cru et a récité les paroles de son Père. Ces paroles étaient sa nourriture et sa satisfaction. Elles étaient tout ce dont il avait besoin pour se fortifier et triompher. Son succès a tout changé.

En d'autres mots, au milieu de notre propre désert, nous aspirons à avoir des yeux qui nous permettent de voir Jésus.

Le désert est une occasion d'exercer la foi

Nous entrons maintenant dans le désert en sachant que Jésus a déjà triomphé et qu'il nous a donné son Esprit pour accomplir ce qui nous était impossible auparavant. Dans les temps de tribulations intenses, il est possible de se tourner vers le Seigneur plutôt que de se détourner de lui.

Cette nouvelle histoire est pour nous tous : ceux qui connaissent le stress post-traumatique, la victimisation et les mauvais traitements, les pertes et les craintes. C'est aussi une histoire phare pour lutter contre la tentation ; elle est donc essentielle pour contrer toutes les dépendances. Notre tâche consiste à l'habiter et à nous l'approprier.

Que se passe-t-il quand nous faisons de l'Exode *notre* propre histoire ? Celle-ci commence par *notre* propre délivrance de l'esclavage : « Je suis l'Éternel, ton Dieu, qui t'ai fait sortir du pays d'Égypte, de la maison de servitude » (Ex 20.2). Dieu a entendu nos gémissements avant même que nous fassions appel à lui. Il a démontré qu'il avait le dessus sur Satan et décrété que nous lui appartenions.

Puisque le Roi que nous suivons a été conduit dans un lieu de désolation, nous serons très certainement nous aussi menés vers des lieux arides. Nous avons tendance à croire qu'un bon père devrait épargner à ses enfants les plus terribles épreuves. Une éraflure au genou nous permet encore de croire en son amour, mais quel genre de père laisserait son enfant subir les sévices les plus honteux ? Il est difficile de répondre à cette question, mais nous savons ceci : le Père a aimé son Fils parfait, et cependant ce dernier a connu les pires souffrances et l'humiliation ultime. Or, puisque nous sommes unis au Fils par la foi, le Père nous aime assurément. Nous pouvons aussi croire qu'un jour, le Père, qui est le juste juge, redressera tous les torts. C'est cette confiance qui a soutenu Jésus à travers son humiliation, « lui qui, injurié, ne rendait point d'injures, maltraité, ne faisait point de menaces, mais s'en remettait à celui qui juge justement» (1 Pi 2.23). Nous pouvons avoir la même confiance.

> Les difficultés viendront.
> Jésus est passé le premier par ces épreuves et il connaît ses brebis.
> L'amour du Père nous accompagne à travers les souffrances.
> La justice du Père, celle qui réduit au silence tous les malfaiteurs et restaure son peuple, est assurée.

Jésus nous accompagne maintenant par son Esprit et nous prépare une place sur la Terre promise. Le Christ, après avoir vaincu Satan, pardonné nos péchés et triomphé en traversant le désert à notre place, nous y conduit maintenant jusqu'à la demeure qu'il nous a préparée. Lorsque nous persévérons par la foi, il nous fortifie dans nos faiblesses. Ainsi, nous rendons honneur à son nom.

Crier vers le Seigneur

La principale manière d'exprimer cette confiance – ou force au sein de la faiblesse – consiste à lui parler :

> Du fond de l'abîme je t'invoque, ô Éternel !
> Seigneur, écoute ma voix !
> Que tes oreilles soient attentives
> À la voix de mes supplications ! (Ps 130.1,2.)

C'est à la fois l'une des choses les plus simples et les plus difficiles à faire. Les enfants peuvent le faire, mais cela exige une combinaison complexe de besoins humains et de foi en Jésus. Cela peut sembler contre-intuitif de prime abord et ressemble sans doute à un langage enfantin. Cependant, c'est bien plus que cela, puisque le Saint-Esprit nous donne les mots qu'il faut dire. Ces paroles sont empreintes d'honnêteté, d'ouverture, de questionnement, et elles s'accrochent, parfois désespérément, à Jésus-Christ et à son œuvre.

Les Écritures, la méthode de communication personnelle de Dieu, s'adressent à nous dans le malheur. Bien qu'elles ne précisent pas nécessairement la nature exacte des tribulations du désert, une fois que nous avons défini nos propres difficultés comme étant des *souffrances*, la Parole de Dieu en aura long à dire sur le sujet.

Questions de discussion

1. Est-ce qu'un passage précis des Écritures au sujet de la souffrance vous touche particulièrement ?

2. Pouvez-vous relier l'histoire de l'Exode et du désert à des difficultés modernes qui ne sont pas mentionnées dans les Écritures, comme la dépression ou d'autres problèmes nécessitant la médication, par exemple ? Le récit du désert englobe toutes sortes de catégories d'épreuves, y compris celles qui peuvent être causées par des anomalies physiques ou mentales. Cette narration possède certaines forces ; entre autres, elle peut s'adapter à une multiplicité d'épreuves. En effet, il n'est pas nécessaire de connaître la cause précise des difficultés pour se l'approprier.

3. Comment prieriez-vous pour quelqu'un en vous servant de l'histoire de l'Exode ? La liste ci-dessous énumère quelques réalités spirituelles qu'on retrouve dans cette histoire et qui peuvent vous guider[1] :

   - La vie est difficile. Le Fils a souffert et par conséquent, ceux qui le suivent souffriront (1 Pi 4.12).
   - Parlez souvent et honnêtement à Dieu. C'est crucial. Parlez-lui tout simplement, présentez vos plaintes, demandez à quelqu'un de vous lire un psaume, dites un faible « amen ».
   - Attendez-vous à approfondir votre connaissance de Dieu durant votre séjour dans le désert (Ph 3.10,11).
   - Gardez les yeux fixés sur Jésus et sur les Écritures et contemplez le Serviteur souffrant. Il s'est chargé de vos souffrances, à votre tour, méditez sur les siennes (És 39 – 53 ; Jn 10 – 21).

- Vivez par la foi ; concentrez-vous sur ce qui est invisible (Hé 11.1). La vue normale n'est pas suffisante. Vos yeux vous diront que Dieu est absent et silencieux. En fait, il est tout près, invisible mais proche. Il porte une affection particulière à ceux qui, comme lui, souffrent. Ainsi, cultivez votre acuité spirituelle. Sondez les Écritures. Mobilisez d'autres personnes qui vous aideront, prieront pour vous, vous rappelleront la vérité. Demandez au Dieu de toute consolation de vous consoler.
- Dieu est Dieu (Job 38 – 42) ; nous sommes ses enfants mais ne comprenons pas ses voies (Ps 131 ; És 55.8). L'humilité devant le Roi peut réduire au silence certains de vos questionnements.
- Cherchez de l'aide. Parlez à ceux qui ont connu des souffrances, lisez leurs livres, écoutez-les. Vous n'êtes pas seul.
- Confessez vos péchés. Cela ne signifie pas que le péché est forcément la cause de la souffrance, mais simplement que la souffrance met à l'épreuve notre attachement à Dieu. Or, notre loyauté s'avère peut-être plus partagée que nous l'imaginions (Ja 1.2-4). En outre, la confession fait partie intégrante du quotidien. Elle nous aide à voir plus clairement la croix de Christ et constitue le plus court chemin vers l'amour exubérant et persévérant de notre Dieu (Hé 12.1-12).
- Regardez devant vous. Nous avons besoin d'acuité spirituelle pour discerner à la fois ce qui se passe actuellement et la direction qu'emprunte l'univers. Quant à nous, nous avons entrepris un pèlerinage qui nous mènera au temple de Dieu (Ps 23.6 ; 84.1-4).

Toutes ces réalités spirituelles ne sont pas conçues pour répondre à chaque question. Les souffrances des autres et les nôtres nous incitent à l'humilité. Cette dernière fait en sorte que nous aspirons à être des enfants plutôt que des enseignants. Cependant, toutes ces difficultés nous rappellent que Dieu aborde le sujet de la souffrance et s'adresse à ceux qui souffrent.

Leçon 7

Parler du péché

Il est sage d'aborder le péché dans nos conversations. Nous préférons sans doute éviter le sujet, sachant que nous luttons tous avec le péché. Toutefois, nous avons besoin de l'aide les uns des autres dans ce combat. Tout comme dans le cas de la souffrance, c'est avec beaucoup de délicatesse que nous offrons cette aide.

Normalement, nous commençons par écouter de manière à discerner les plaisirs et les peines chez l'autre. Par la suite, nous décelons souvent une foi persévérante en Jésus, à la fois discrète et constante. Une telle découverte constitue une bénédiction pour nous, et nous cherchons alors à encourager la personne dans cette voie. En revanche, nous remarquerons peut-être aussi des doutes, des luttes dans la foi, et du péché.

Nous avons *l'impression* que les circonstances difficiles de la vie constituent nos problèmes les plus urgents. Néanmoins, les luttes reliées à la foi et à l'obéissance à Christ sont encore plus importantes. La souffrance, par exemple, ne peut pas nous séparer du Seigneur, mais les cœurs endurcis, tout comme les péchés tenaces, brisent notre relation avec Dieu. Ils finissent aussi par nous diviser les uns les autres. Et, si nous n'y prenons pas garde, ils nous occasionneront des malheurs bien pires que nos épreuves actuelles.

Les chrétiens sont des saints qui pèchent. Par conséquent, comment devrions-nous parler du péché à ceux qui sont aux prises avec celui-ci ?

Voir le bien

Il faut se souvenir d'un principe général : parler des circonstances difficiles et des bonnes choses avant d'aborder les mauvaises. Par exemple, l'apôtre Paul mentionne de nombreux péchés graves lorsqu'il écrit à l'Église de Corinthe. Et pourtant, il commence en soulignant le bien :

> Je rends à mon Dieu de continuelles actions de grâces à votre sujet, pour la grâce de Dieu qui vous a été accordée en Jésus-Christ. Car en lui vous avez été comblés de toutes les richesses qui concernent la parole et la connaissance, le témoignage de Christ ayant été solidement établi parmi vous, de sorte qu'il ne vous manque aucun don (1 Co 1.4-7).

Ici, Paul fonde sa pensée sur son appartenance à Jésus et sur l'identité de saint que le Père lui a accordée avant toute autre. Nous voulons faire de même.

Nous péchons tous

Les chrétiens sont des saints qui pèchent. L'ère dans laquelle nous vivons, après l'œuvre sacrificielle de Christ pour les péchés et après l'envoi du Saint-Esprit, n'est pas sans péché. Elle est libre de toute condamnation et remplie de pardon. C'est une ère où nous ne sommes plus esclaves du péché : nous en avons été libérés, de sorte que nous sommes en mesure de le combattre. Toutefois, notre ère n'est pas sans péché. Il est encore possible pour chacun d'organiser sa vie en fonction de ses désirs égoïstes. On accorde souvent plus de crédit à ce qu'on ressent qu'à ce que Dieu a déclaré et accompli en Jésus-Christ. On ignore parfois sa sainteté, sa beauté et sa puissance.

Ainsi, nous parlons du péché « en toute humilité et douceur, avec patience, *[nous]* supportant les uns les autres avec amour » (Ép 4.2). Nous parlons de nos propres péchés et des péchés de ceux que nous souhaitons aider : nous voulons que ces conversations contribuent à leur bien. En réalité, le péché lui-même n'est pas bon, mais une bénédiction de pouvoir *reconnaître* ses propres péchés.

Celui qui voit le péché manifeste plus de reconnaissance pour le pardon qu'il a reçu, parce qu'il comprend qu'on lui a pardonné de nombreux péchés et, inversement, « celui à qui on pardonne peu aime peu » (Lu 7.47).

Quand nous voyons notre péché, nous savons que nous sommes près de la lumière. En revanche, si nous ne voyons *pas* le péché, nous devons alors nous méfier de notre cœur.

> Si nous disons que nous n'avons pas de péché, nous nous séduisons nous-mêmes, et la vérité n'est point en nous (1 Jn 1.8).

Notre but consiste à encourager l'essor d'une communauté d'Église au sein de laquelle il est de plus en plus naturel de parler du péché et de demander l'aide les uns des autres.

Comment parler du péché

Le péché devient public de trois manières différentes : quelqu'un le confesse, nous en sommes témoins ou on nous en parle. Or, la manière de réagir au péché dépend de la manière dont on l'a appris.

Par exemple, une personne qui le confesse est déjà engagée dans la lutte contre le péché. En revanche, une personne qu'on prend sur le fait n'a peut-être pas encore commencé à lutter. On changera son approche en fonction de l'honnêteté et de la conscience de la présence du péché qu'on observera chez l'autre.

Ci-dessous, je propose quelques manières d'aborder le sujet.

Dire quelque chose

Les premiers mots sont les plus difficiles à dire. Quand on n'a aucune idée de ce qu'on devrait dire, il vaut mieux être honnête :

> « J'ai prié pour toi. J'ai vraiment apprécié la franchise avec laquelle tu as confessé ta lutte avec la pornographie, mais je m'inquiète à l'idée qu'on puisse cesser de te demander des comptes. Veux-tu que nous en parlions ? »
>
> « J'ai remarqué que tu t'es mis en colère contre ta femme l'autre jour. Ça m'a marqué. Veux-tu que nous en parlions ? »
>
> « Je sais que tu es très occupé au travail ces derniers temps et que tu voyages plus que d'habitude. Cela m'a fait penser à mes propres luttes contre la tentation. J'ai plus de difficulté à résister quand je ne suis pas entouré de gens qui me connaissent. Quelles sont tes stratégies pour lutter contre la tentation quand tu voyages ? »

Si nous avons des preuves concrètes qu'une personne a péché, soyons précis. Si nous avons des doutes ou des questions, exprimons-les sans accusation. Tout cela peut être difficile mais, la plupart du temps, le silence suscite plus de regrets que le fait d'avoir parlé.

« Nous » plutôt que « vous »

Un moment déterminant dans la lutte d'un homme contre les drogues illicites s'est produit quand sa femme a découvert qu'il avait recommencé à consommer et qu'elle s'est écriée : « Qu'allons-*nous* faire ? » En d'autres mots : « Comment allons-nous lutter ensemble ? » En réaction au péché de son mari, elle s'est rapprochée de lui. C'est ainsi qu'ils ont mis sur pied un plan précis qui a généré des années de sobriété et une relation enrichie.

« Nous sommes tous les deux concernés. » Cela pourrait vouloir dire que, bien que nous ne comprenions pas tout à fait la nature du péché de l'autre, nous resterons près de lui dans la bataille, avec patience et bienveillance. Cela pourrait aussi vouloir dire que nous comprenons *vraiment* le péché parce que nous luttons contre un péché semblable. Quel que soit celui qu'on voit chez les autres, un rapide examen de soi révèle souvent une tendance à tomber dans le même type de péché. La version du péché contre laquelle nous luttons peut *sembler* différente, mais elle provient des mêmes désirs rebelles.

Des questions plutôt que des exhortations

Lorsque Jésus s'adresse à des personnes aux prises avec le péché, il pose souvent des questions : « Pourquoi pensez-vous ces choses ? », « Est-il permis, le jour du sabbat, de faire du bien ou de faire du mal ? » (p. ex. Mc 3.7.) « Pouvez-vous faire jeûner les amis de l'époux pendant que l'époux est avec eux ? » (p. ex. Lu 5.34.) Les questions de Jésus servent souvent deux buts. Premièrement, il invite ses auditeurs à réfléchir à quelque chose. Le péché est souvent moins attrayant quand on l'examine de plus près. Deuxièmement, Jésus engage une conversation avec ses auditeurs. Il pose une question afin d'obtenir une réponse. « Venons et raisonnons ensemble » est l'une des manières que le Seigneur utilise habituellement pour aborder le sujet du péché dans nos vies.

Voici une autre question que nous pourrions aussi demander : « Comment puis-je t'être utile ? »

Le péché est personnel

Que nous le reconnaissions ou non, le péché concerne toujours Dieu. Le péché a une fâcheuse propension à l'indépendance. Ainsi, nous ne nous mettons pas *sciemment* en colère contre Dieu mais, en réalité, notre colère le concerne (Ja 4.1-4). Il en va de même de nos récriminations et de nos plaintes. Ces dernières déclarent : « Qu'as-tu fait pour moi récemment ? » Elles constituent un mépris de Dieu (No 14.11).

On comprend mieux le caractère personnel du péché lorsqu'on connaît à la fois le cœur humain et le Seigneur :

1. Nous savons que notre péché est d'abord contre Dieu et, comme nous le ferions dans toute autre relation, nous le lui confessons.
2. Nous savons que notre Seigneur est prompt à pardonner.
3. Nous cherchons à mieux connaître Jésus. Nous ne le connaissions et ne l'aimions pas aussi bien que nous le pensions. Peut-être nous imaginions-nous le Seigneur comme un policier à l'affût de la moindre infraction, et en retour, nous cherchions à nous départir par tous les moyens du lourd fardeau de la loi. Une connaissance adéquate de Jésus nous permet de contrer les mythes persistants. Il nous a aimés alors que nous étions encore ses ennemis. Par conséquent, nous sommes déterminés à trouver notre joie en lui et en son hospitalité divine. Tout le reste est vide sens et engendre une vie misérable ainsi que de nouvelles incursions dans le monde du péché.

Finir les confessions en disant « merci »

Le pardon du Seigneur peut sembler trop beau pour être vrai. Le réflexe, après la confession, consiste à s'exiler et à se réformer pour être à nouveau acceptable aux yeux du Père. Or, gardons à l'esprit l'histoire du fils prodigue (Lu 15.11-24). Notre Père est tout simplement prêt à nous pardonner. Cette vérité le distingue de tous les faux dieux et de toute l'humanité. Au moindre indice de repentance de notre part, il est disposé à nous pardonner (Jé 3.13).

Satan ment en disant que Dieu est comme un simple être humain et qu'il se montre mesquin dans sa grâce et son amour. Que Dieu nous garde de croire de tels mensonges. Nous sommes le peuple que Dieu a aimé, et ce même lorsque nous étions ses ennemis. Nous trouvons notre repos dans le sacrifice parfait de Jésus. Nous nous appuyons sur la présence et la puissance du Saint-Esprit. De plus, il nous est possible de percevoir des parcelles de joie dans la vie quotidienne.

Le processus peut se résumer ainsi : après la confession, la reconnaissance. En disant « merci », nous rejetons à la fois les mensonges de Satan et l'illusion selon laquelle la grâce est pour les autres mais pas pour nous.

Pouvez-vous imaginer une communauté dans laquelle il est possible de confesser ses péchés les uns aux autres et de répondre en retour par l'humilité, la bonté, la patience et la prière ?

Questions de discussion

1. Vous a-t-on déjà parlé à propos de vos péchés d'une manière qui vous a aidé ? Comment cette personne s'y est-elle prise ? À l'inverse, vous a-t-on déjà parlé à propos de vos péchés d'une manière qui ne vous a pas aidé ? Pourquoi cela ne vous a-t-il pas été profitable ?

2. La question suivante est conçue pour la réflexion personnelle plutôt que pour une discussion en groupe. L'un des buts de chaque enfant de Dieu est de reconnaître un domaine dans lequel il pèche et à comprendre de quelle manière ce péché est personnel. Pouvez-vous en nommer un ? Le confessez-vous ? Finissez-vous votre confession par des remerciements ? Êtes-vous à l'aise à l'idée d'en parler en public ? Reconnaître notre propre péché nous permet de rester centrés sur celui qui est la vie et favorise l'humilité et la patience dans nos relations avec les autres. S'il s'agit d'un péché secret, avec qui aimeriez-vous en discuter ?

3. Nous ne confronterons pas les autres à leurs péchés tous les jours. Il est bien plus courant de discuter des bonnes choses et des mauvaises choses qui se passent dans nos vies. Cependant, si nous aimons les autres, parler du péché et de la tentation sera parfois indispensable. Les parents agissent ainsi avec leurs enfants. Nous espérons y parvenir de mieux en mieux les uns envers les autres. Cela vous inquiète-t-il ? À ce sujet, y a-t-il des habiletés précises que vous aimeriez acquérir ?

Leçon 8

Se souvenir et réfléchir

Prendre soin les uns des autres *a présenté des aspects ordinaires des relations interpersonnelles. On n'y trouve rien de nouveau. Le but était de se souvenir et de vivre des applications de l'Évangile de Jésus-Christ. Cependant, ces vérités font en sorte que la puissance même de Dieu est encore davantage mise en lumière et l'Église est fortifiée et plus unie.*

Au début de ce livre, nous nous sommes engagés à accomplir « l'œuvre du ministère », celle qui est essentielle à toute Église en bonne santé. En outre, nous avons entrepris de le faire « en toute humilité et douceur, avec patience, *[nous]* supportant les uns les autres avec amour » (Ép 4.2). Nous accomplissons ce travail en progressant par petites étapes et en étant, au fil de nos conversations quotidiennes, un peu plus attentifs, mais aussi un peu plus confiants quant au fait que Dieu se sert de gens ordinaires comme nous. Nous nous approchons simplement d'une personne, puis d'une autre, apprenant à les connaître, observant de bonnes choses, portant des fardeaux, priant pour elles et avec elles. Qui aurait cru, qu'en agissant ainsi, nous contribuerions à l'unité, à la protection et à la croissance de l'Église ?

> *[Le Seigneur]* a donné les uns comme apôtres, les autres comme prophètes, les autres comme évangélistes, les autres comme pasteurs et docteurs, pour le perfectionnement des saints en vue de l'œuvre du ministère et de l'édification du corps de Christ, jusqu'à ce que nous soyons tous parvenus à l'unité de la foi et de la connaissance du Fils de Dieu, à l'état d'homme fait, à la mesure de la stature parfaite de Christ ; ainsi, nous ne serons plus des enfants, flottants et emportés à tout vent de doctrine, par la tromperie des hommes, par leur ruse dans les moyens de séduction (Ép 4.11-14).

Pour y parvenir, nous avons besoin de puissance, et c'est bien ce que nous avons obtenu en recevant Jésus. Puisque nous nous sommes engagés sur une voie où nous cheminons à la fois avec Jésus et en lui, et que la vie avec Jésus est vécue dans son Esprit et à travers lui, nous nous attendons à être remplis d'une puissance qui ravive notre âme. Et bien qu'elle se manifeste dans la faiblesse, cette puissance est efficace. Elle remplit inévitablement ceux qui crient à lui pour recevoir en son nom de l'amour et de l'aide. Cette puissance s'exprime quand, par le soin que nous prenons les uns des autres, nous grandissons en maturité et sommes de moins en moins « flottants et emportés à tout vent » de babillages qui n'ont rien de biblique et par lesquels nous sommes constamment environnés.

Ces messages futiles sont partout présents. Typiquement, ils cherchent à remettre en cause l'étendue de l'amour du Seigneur et notre besoin de lui :

> « Tu n'es pas assez bon. Voilà pourquoi tu as tant de difficultés dans la vie. Tu ferais mieux de croire davantage. Tu dois travailler plus fort. »

Nous ripostons en nous souvenant ensemble du Dieu qui s'est approché le premier de son peuple, qui nous invite à crier à lui et qui nous aime non parce que nous sommes aimables, mais parce qu'il est amour.

Un autre message est tout aussi dangereux :

> « Tu *es* suffisamment bon. Contente-toi de croire en toi-même. Jésus te donnera tout ce que tu veux. »

Pour toute réponse, nous nous rappelons les uns aux autres que, tout comme Israël avait besoin de la manne tous les jours, nous avons besoin de son pardon et de sa grâce revigorante – de sa présence même – tous les jours. En agissant ainsi, nous ne gagnerons pas nécessairement en prestige aux yeux des autres et n'obtiendrons pas forcément la première place. Après tout, de tels honneurs ne contribueraient qu'à nourrir l'orgueil et le sentiment d'indépendance dont nous souhaitons nous débarrasser. Nous suivons plutôt Jésus, qui a été crucifié, et nous connaîtrons des épreuves. Cependant, malgré ces souffrances, nous nous délectons toujours du banquet céleste qui satisfait réellement nos âmes.

La maturité qui permet de résister à l'influence de ces mythes provient de notre croissance en tant qu'enfants de Dieu. N'est-ce pas intéressant ? Puisque nous sommes ses enfants, nous répandons notre cœur devant notre Père et nous nous appuyons sur Jésus, qui est notre solide fondement, notre paix, notre approbation et notre puissance. Cela nous ramène à la case départ : Dieu utilise les conversations de gens ordinaires caractérisés à la fois par une sagesse de plus en plus profonde, une candeur d'enfant, et une dépendance envers lui pour bâtir son Église. Nous ne dépendons pas du génie humain pour nous aider mutuellement, mais nous comptons sur Jésus, sa force, notre faiblesse et notre humble réponse envers lui.

Plus nous prendrons soin les uns des autres sur le plan spirituel, plus nous réaliserons à quel point les problèmes des gens sont intenses et compliqués, et souvent bien pires que ce que nous aurions pu concevoir. Nous aurons alors sans doute l'impression d'être des enfants plus maladroits que dépendants. Nous entendrons parler de questions de vie ou de mort, et nous écouterons des histoires qui nous sembleront, de prime abord, complètement étrangères. À vrai dire, nous *espérons* entendre de telles histoires, parce que ce genre de difficultés existent en abondance, et partout. En les entendant, nous serons émus, nous prierons pour ceux qui les vivent, nous prierons avec eux et *nous chercherons de l'aide*. La sagesse, l'humilité et l'amour font en sorte que nous cherchons de l'aide auprès de ceux qui ont plus d'expérience que nous : des pasteurs, des amis qui ont vécu des problèmes semblables ou qui en ont aidé d'autres à lutter contre de tels problèmes, ainsi que des gens formés professionnellement pour fournir cette aide. Voilà comment l'Église met ses efforts en commun.

Tout ceci commence par de petits pas les uns vers les autres et par une vie vécue les uns *avec* les autres.

Questions de discussion

1. Qu'est-ce qui ressort de votre propre résumé de ces huit leçons ?

2. Depuis que vous avez fait cette étude, qu'est-ce qui a changé dans vos conversations ?

3. L'humilité cherche de l'aide. Pouvez-vous imaginer comment une conversation troublante avec une autre personne pourrait vous mener tous les deux à chercher une aide plus pertinente ? Dans quel contexte iriez-vous chercher cette aide ?

4. Que faire maintenant ? Qu'est-ce qui vous aiderait à devenir plus sage et plus utile dans vos interactions ? Comment espérez-vous grandir en tant qu'enfant de Dieu ?

Notes

Leçon 1

1. *Lettres d'Augustin CXVIII*, < http://www.abbaye-saint-benoit.ch/saints/augustin/lettres/s002/l118.htm > (page consultée le 15 janvier 2019).

Leçon 2

1. « Car si, lorsque nous étions ennemis, nous avons été réconciliés avec Dieu par la mort de son fils, à plus forte raison, étant réconciliés, serons-nous sauvés par sa vie » (Ro 5.10).
2. Voir Ro 13.12,14 ; Ga 3.27.

Leçon 3

1. Puisque le cœur est si important, les Écritures emploient un riche vocabulaire pour le décrire : « âme », « pensées », « esprit », « homme intérieur ». Chaque mot insiste sur un aspect différent, mais chacun décrit le centre de l'être.
2. Le cœur peut ainsi se réjouir en Dieu, lui faire confiance, l'aimer, l'adorer, ou encore se détourner de lui, s'endurcir, se rebeller, lui préférer le monde, les désirs de la chair et l'adoration des idoles.

Leçon 5

1. Ceci est un rappel que d'autres mots peuvent désigner le cœur.
2. « Tout ce que vous voulez que les hommes fassent pour vous, faites-le de même pour eux, car c'est la loi et les prophètes. »

Leçon 6

1. Adaptation de l'article d'Ed Welch, « *Ten Things to Do During Suffering* », 25 mars 2014, < https://www.ccef.org/resources/blog/ten-things-do-during-suffering > (page consultée le 21 janvier 2019).

CÔTE À CÔTE

Cheminer ensemble dans la sagesse et l'amour

EDWARD T. WELCH

L'aide qui peut être apportée par les amis est précieuse et elle ne doit pas être négligée. Dans ce livre, Ed Welch nous présente une méthode d'accompagnement pertinente pour cheminer avec les autres à travers les moments difficiles. Il nous montre comment être de bons amis chrétiens qui apprennent à partager leurs fardeaux et à porter ceux des autres.

5,5 x 8,5 po | broché | 192 pages
978-2-89082-293-1

Edward T. Welch

QUAND LES HOMMES

ONT PLUS D'IMPORTANCE

QUE DIEU

Surmonter la pression exercée par les pairs,
la dépendance affective et la crainte des hommes.

QUAND LES HOMMES ONT PLUS D'IMPORTANCE QUE DIEU

Surmonter la pression exercée par les pairs, la dépendance affective et la crainte des hommes

EDWARD T. WELCH

Nul besoin d'être victime de pressions exercées par ses pairs, ni d'être dépendant sur le plan affectif pour profiter de cet ouvrage. Ce livre nous ouvre les yeux et nous redirige vers Dieu et sa Parole afin de surmonter la crainte des hommes.

5,5 x 8,5 po | broché | 273 pages
978-2-89082-143-9

LIBÉRÉ DE LA HONTE

Comment Dieu nous délivre de la douleur de la dévalorisation et du rejet

EDWARD T. WELCH

Dans ce livre, Welch s'attaque aux sentiments et aux mensonges liés à la honte. En s'appuyant sur des vérités bibliques, il met en lumière ce problème et nous montre comment la Parole de Dieu peut nous en libérer.

5,5 x 8,5 po | broché | 405 pages
978-2-89082-257-3

QUAND JE SUIS DANS LA CRAINTE

UNE APPROCHE POUR VAINCRE PROGRESSIVEMENT LA PEUR ET L'ANXIÉTÉ

EDWARD T. WELCH

QUAND JE SUIS DANS LA CRAINTE

Une approche pour vaincre progressivement la peur et l'anxiété

EDWARD T. WELCH

Ed Welch nous amène à examiner nos peurs et à méditer sur ce que Dieu dit aux personnes craintives et inquiètes. Il nous invite à placer notre confiance en Dieu et en ses promesses au lieu de céder à notre peur et à notre angoisse.

6 x 9 po | broché | 106 pages
978-2-89082-330-3

C'EST LA FAUTE DU CERVEAU !

Faire la distinction entre les déséquilibres chimiques, les troubles cérébraux et la désobéissance

EDWARD T. WELCH

L'auteur examine les problèmes cérébraux sous l'angle de l'Écriture. Il fait la différence entre les vrais troubles provenant du cerveau et ceux du cœur. De plus, il expose toute une série d'étapes pratiques pour faire face à différents types de troubles, de déséquilibres, d'habitudes ou de dépendances.

5,5 x 8,5 po | broché | 232 pages
978-2-89082-277-1

Publications Chrétiennes est une maison d'édition évangélique qui publie et diffuse des livres pour aider l'Église dans sa mission parmi les francophones. Ses livres encouragent la croissance spirituelle en Jésus-Christ, en présentant la Parole de Dieu dans toute sa richesse, ainsi qu'en démontrant la pertinence du message de l'Évangile pour notre culture contemporaine.

Nos livres sont publiés sous six différentes marques éditoriales qui nous permettent d'accomplir notre mission :

Nous tenons également un blogue qui offre des ressources gratuites dans le but d'encourager les chrétiens francophones du monde entier à approfondir leur relation avec Dieu et à rester centrés sur l'Évangile.

reveniralevangile.com

Procurez-vous nos livres en ligne ou dans la plupart des librairies chrétiennes.

pubchret.org | xl6.com | maisonbible.net | amazon

www.ingramcontent.com/pod-product-compliance
Lightning Source LLC
LaVergne TN
LVHW021943220826
846092LV00010B/1216